AFFOGATO MAAILMA KOKARAAMAT

KOHVI- JA GELATO-SÕPRADELE VAHVAID RÕÕMUSED. Nautige 100 vastupandamatut Affogato fusiooni

Karin Rebane

Autoriõigus materjal ©2023

Kõik õigused kaitstud

Ühtegi selle raamatu osa ei tohi mingil kujul ega vahenditega kasutada ega edastada ilma kirjastaja ja autoriõiguste omaniku nõuetekohase kirjaliku nõusolekuta, välja arvatud ülevaates kasutatud lühikesed tsitaadid. Seda raamatut ei tohiks pidada meditsiiniliste, juriidiliste või muude professionaalsete nõuannete asendajaks.

SISUKORD

SISUKORD **3**
SISSEJUHATUS **6**
TRADITSIOONILINE AFFOGATO **7**
   1. Klassikaline Traditsiooniline Affogato 8
AFFOGATO VARIATSIOONID **10**
   2. Chocolate Hazelnut Affogato 11
   3. Amaretto Affogato 13
   4. Tiramisu Affogato 15
   5. Soolakaramell Affogato 17
   6. Sidrunisorbett Affogato 19
   7. Pistaatsia Affogato 21
   8. Kookospähkli Affogato 23
   9. Mandel Affogato 25
   10. Apelsini ja tumeda šokolaadi Affogato 27
   11. Nutella Affogato 29
   12. Mündišokolaaditükk Affogato 31
   13. Vaarikas Sorbetto Affogato 33
   14. Karamell Macchiato Affogato 35
   15. Sarapuupähkli Biscotti Affogato 37
   16. Šokolaad Affogato 39
   17. Sarapuupähkel Affogato 41
   18. Karamell Affogato 43
   19. Mündišokolaaditükk Affogato 45
   20. Vaniljekaun Affogato 47
   21. Affogato al Caffè 49
   22. Iiri kreem Affogato 51
   23. Coconut Chocolate Affogato 53
   24. Soolakaramell Affogato 55
   25. Kirsi Affogato 57
   26. Oranž Affogato 59
   27. Küpsised ja koor Affogato 61
   28. Matcha Affogato 63
   29. Maapähklivõi Affogato 65
   30. Vaarika Affogato 67
GOURMET AFFFOGATO VARIATSIOONID **69**
   31. Lavendel Honey Affogato 70

32. Balsamico Strawberry Affogato 73
33. Oliiviõli ja meresool Affogato 76
34. Sinihallitusjuust ja viigimarja Affogato 79
35. Rosemary Caramel Affogato 82
36. Safran Pistaatsia Affogato 85
37. Matcha valge šokolaad Affogato 88
38. Must seesami Affogato 91
39. Kookose sidrunhein Affogato 94
40. Kardemon Rose Affogato 97
41. Kardemon Affogato 100
42. Rosewater Sprinkle Affogato 102
43. Safran Pistaatsia Affogato 104
44. Viigimarjapalsami Affogato 106
45. Maple Walnut Affogato 108
46. Espresso Martini Affogato 110
47. Blackberry Sage Affogato 112
48. Kookose sidrunhein Affogato 114
49. Piparkoogid Affogato 116
50. Earl Grey Tea Affogato 118
51. Cherry Amaretto Affogato 120
52. Pistaatsiaroos Affogato 122
53. Mocha sarapuupähkel Affogato 124
54. Karamell Macchiato Affogato 126
55. Kaneelirull Affogato 128
56. Mustika juustukook Affogato 130
57. Cacao Nib Affogato 132

PIIRKONDLIKUD VARIATSIOONID 134

58. Prantsuse kohvik Affogato 135
59. Iiri Affogato 137
60. Argentina Gelato al Caffè Affogato 139
61. Mehhiko Affogato 141
62. Kreeka Affogato 143
63. Türgi Affogato 145
64. Jaapani Matcha Affogato 147
65. Brasiilia cachaça Affogato 149
66. Hispaania espresso con Helado 151
67. India Masala Chai Affogato 153
68. Austraallane Tim Tam Affogato 155
69. Itaalia klassikaline Affogato 157

70. Itaalia Affogato al Caffè 159
71. Itaalia Affogato con Biscotti 161
72. Itaallane Frangelico Affogato 163
AFFOGATOst inspireeritud MAGUSTOOTED 165
73. Affogato 'jäätis' 166
74. Nescafé Espresso affogato jäätis 168
75. Chai Bubble Tea Affogato 170
76. Affogato juustukook 172
77. Affogato Brownie Sundae 174
78. Affogato Panna Cotta 176
79. Affogato Tiramisu Parfe 178
80. Affogato leivapuding 180
81. Affogato jäätisevõileivad 182
82. Affogato Banana Split 184
83. Affogato Tarts 186
84. Affogato Chia puding 188
85. Affogato banaanileib 190
86. Affogato riisikoogid 192
87. Affogato popsicles 194
88. Affogato kruusitort 196
89. Affogato šokolaadivaht 198
AFFOGATOst inspireeritud snäkid 200
90. Affogato popkorn 201
91. Affogato Energy Bites 203
92. Affogato täidisega datlid 205
93. Affogato Trail Mix 207
94. Affogato valgupallid 209
95. Affogato Rice Krispie maiuspalad 211
96. Affogato šokolaadiga kastetud maasikad 213
97. Affogato trühvlid 215
98. Affogato Biscotti 217
99. Affogato juustukoogihammustused 219
100. Affogato šokolaadikoor 221
KOKKUVÕTE 223

SISSEJUHATUS

Tere tulemast AFFOGATO MAAILMA i, mis on spetsiaalselt kohvi- ja gelatosõpradele loodud oivaliste naudingute kuningriik. Selles lummavas maailmas on kesksel kohal rikkaliku sametise gelato harmooniline kooslus ja värskelt valmistatud kohvi kosutav olemus. Affogato, itaaliakeelne sõna, mis tähendab "uppunud", kajastab suurepäraselt selle jumaliku keedu olemust, kus kulbitäis imalat gelatot uputatakse aromaatse espresso merre.

Affogato nautimine on elamus, mis ületab maitsepiire, ühendades kuuma ja külma, mõru ja magusa kontrastsed elemendid, et luua sümfoonia maitsetest, mis tantsivad teie suulael. See on maius, mis ahvatleb kõiki meeli, kutsudes esile õndsustunde ja kulinaarse ekstaasi.

Selle Affogato maailma uurimise käigus alustame teekonda läbi selle veetleva ühinemise päritolu, variatsioonid ja saladused. Traditsioonilisest klassikast kuni uuenduslike keerdudeni avastame lõputud võimalused ja kunstilised väljendused, mis kohv kohtub gelatoga. Seega valmistuge ahvatlevaks seikluseks, mis jätab teid ihalema enama järele.

TRADITSIOONILINE AFFOGATO

1. Klassikaline traditsiooniline Affogato

KOOSTISOSAD:
- 1 amps espressot
- 1 lusikas vaniljejäätist

JUHISED:
a) Valmistage espressot ja valage see väikesesse tassi või klaasi.
b) Aseta espresso peale kulbitäis vaniljejäätist.
c) Serveeri kohe ja naudi, kui jäätis sulab espressoks.

AFFOGATO VARIATSIOONID

2. Šokolaadi sarapuupähkli Affogato

KOOSTISOSAD:
- 1 lusikas šokolaadi gelatot või jäätist
- 1 amps espressot
- 1 spl sarapuupähklimääret.

JUHISED:
a) Aseta serveerimisklaasi kulbitäis šokolaadigelatot või jäätist.
b) Tõsta lusikaga sarapuupähkel gelato peale. Valage želato peale tilk kuuma espressot.
c) Sega õrnalt, et maitsed seguneksid.
d) Serveerige kohe ja nautige šokolaadi, sarapuupähkli ja espresso dekadentlikku kombinatsiooni.

3. Amaretto Affogato

KOOSTISOSAD:
- 1 lusikas mandli või amaretto gelato
- 1 amps amaretto likööri
- 1 amps espressot

JUHISED:
a) Aseta serveerimisklaasi lusikas mandlit või amaretto gelato't.
b) Vala gelato peale amps amaretto likööri. Lisa tilk kuuma espressot.
c) Sega õrnalt, et maitsed seguneksid.
d) Serveeri kohe ja naudi amaretto, mandli ja espresso meeldivat kombinatsiooni.

4. Tiramisu Affogato

KOOSTISOSAD:
- 1 lusikas mascarpone gelato
- 1 amps espressot
- 1 supilusikatäis kakaopulbrit

JUHISED:
a) Aseta serveerimisklaasi kulbitäis mascarpone gelato't.
b) Valage želato peale tilk kuuma espressot.
c) Puista pealt kakaopulbriga.
d) Serveeri kohe ja naudi tiramisu meenutavaid maitseid selles Affogato variatsioonis.

5. Soolakaramell Affogato

KOOSTISOSAD:
- 1 lusikas soolakaramelli gelatot
- 1 amps espressot
- karamellikaste

JUHISED:
a) Asetage serveerimisklaasi kulbitäis soolatud karamellist gelatot.
b) Valage želato peale tilk kuuma espressot.
c) Nirista üle karamellkastmega.
d) Serveeri kohe ja naudi magusa ja soolase maitse kombinatsiooni.

6. Sidrunisorbett Affogato

KOOSTISOSAD:
- 1 lusikas sidrunisorbetti
- 1 amps limoncello likööri
- 1 amps espressot
- sidrunikoor (valikuline).

JUHISED:
a) Asetage serveerimisklaasi lusikas sidrunisorbetti.
b) Valage sorbeti peale tilk limoncello likööri.
c) Lisa tilk kuuma espressot. Soovi korral kaunista sidrunikoorega.
d) Serveeri kohe ning naudi värskendavaid ja hõrgutavaid maitseid.

7. Pistaatsia Affogato

KOOSTISOSAD:
- 1 lusikas pistaatsia gelatot
- 1 amps espressot
- purustatud pistaatsiapähklid

JUHISED:
a) Asetage serveerimisklaasi kulbitäis pistaatsia gelato't.
b) Valage želato peale tilk kuuma espressot.
c) Puista peale purustatud pistaatsiapähklid.

8. Kookospähkli Affogato

KOOSTISOSAD:
- 1 lusikas kookosgelatot või kookospiimajäätist
- 1 amps espressot
- röstitud kookoshelbed.

JUHISED:
a) Aseta serveerimisklaasi lusikas kookosgelatot või kookospiimajäätist.
b) Valage želato peale tilk kuuma espressot.
c) Puista üle röstitud kookoshelvestega.

9. Mandel Affogato

KOOSTISOSAD:
- 1 lusikas mandli gelatot või mandli piimajäätist
- 1 amps amaretto likööri
- 1 amps espressot
- viilutatud mandlid

JUHISED:
a) Aseta serveerimisklaasi või kaussi lusikas mandli gelatot või mandlipiimajäätist.
b) Vala gelato peale amps amaretto likööri.
c) Valmista kuuma espresso amps ning vala see gelato ja likööri peale.
d) Kaunista puista viilutatud mandlitega.
e) Serveerige kohe ja nautige mandli, amaretto ja espresso maitsete meeldivat kombinatsiooni.

10. Apelsini ja tumeda šokolaadi Affogato

KOOSTISOSAD:
- 1 lusikas apelsini želatot või sorbetti
- 1 amps espressot
- tumeda šokolaadi laastud või riivitud tume šokolaad

JUHISED:
a) Asetage serveerimisklaasi kulbitäis apelsini želatot või sorbetti.
b) Valage želato peale tilk kuuma espressot.
c) Puista peale tumeda šokolaadi laastud või riivitud tume šokolaad.

11. Nutella Affogato

KOOSTISOSAD:
- 1 lusikas sarapuupähkli gelatot või jäätist
- 1 amps espressot
- 1 supilusikatäis Nutellat.

JUHISED:
a) Aseta serveerimisklaasi lusikas sarapuupähkli gelatot või jäätist.
b) Tõsta lusikaga Nutella želato peale.
c) Valage želato peale tilk kuuma espressot.
d) Sega õrnalt, et maitsed seguneksid.

12. Affogato piparmündišokolaaditükk

KOOSTISOSAD:
- 1 lusikas piparmündi šokolaaditükkidega gelatot või jäätist
- 1 amps espressot
- šokolaadisiirup
- värsked piparmündilehed (valikuline)

JUHISED:

a) Aseta serveerimisklaasi kulbitäis piparmündišokolaaditükkidega gelatot või jäätist.
b) Valage želato peale tilk kuuma espressot.
c) Nirista üle šokolaadisiirupiga.
d) Soovi korral kaunista värskete piparmündilehtedega.

13. Vaarika Sorbetto Affogato

KOOSTISOSAD:
- 1 lusikas vaarika sorbetot
- 1 amps vaarikalikööri (nt Chambord)
- 1 amps espressot
- värsked marjad

JUHISED:
a) Aseta serveerimisklaasi kulbitäis vaarika sorbetot.
b) Vala sorts vaarikalikööri sorbetole.
c) Lisa tilk kuuma espressot.
d) Kaunista värskete marjadega.

14. Karamell Macchiato Affogato

KOOSTISOSAD:
- 1 lusikas karamellist gelatot või jäätist
- 1 amps espressot
- karamelli siirup
- vahukoor.

JUHISED:
a) Aseta serveerimisklaasi kulbitäis karamellist gelatot või jäätist.
b) Valage želato peale tilk kuuma espressot.
c) Nirista üle karamellisiirupiga.
d) Kõige peale vahukoor.

15. Sarapuupähkli Biscotti Affogato

KOOSTISOSAD:
- 1 lusikas sarapuupähkli gelatot või jäätist
- 1 amps espressot
- purustatud sarapuupähkli biscotti.

JUHISED:
a) Aseta serveerimisklaasi lusikas sarapuupähkli gelatot või jäätist.
b) Valage želato peale tilk kuuma espressot.
c) Puista peale purustatud sarapuupähklibiscotti.

16. Šokolaad Affogato

KOOSTISOSAD:
1 amps espressot
1 lusikas šokolaadijäätist
Šokolaadilaastud või kakaopulber (valikuline, kaunistamiseks)

JUHISED:
Valmistage espressot ja valage see tassi või klaasi.
Lisa tassi lusikatäis šokolaadijäätist.
Soovi korral kaunista šokolaadilaastudega või puista kakaopulbrit.
Serveeri kohe ja naudi šokolaadi ja espresso maitsete kombinatsiooni.

17. Sarapuupähkli Affogato

KOOSTISOSAD:
1 amps espressot
1 lusikas sarapuupähkli gelatot või jäätist
Purustatud sarapuupähklid (valikuline, kaunistamiseks)

JUHISED:
Valmistage espressot ja valage see serveerimistassi.
Aseta tassi lusikas sarapuupähkli gelatot või jäätist.
Soovi korral puista peale purustatud sarapuupähkleid, et lisada krõmpsu ja maitset.
Serveeri kohe ja naudi sarapuupähkli ja espresso mõnusat kombinatsiooni.

18. Karamell Affogato

KOOSTISOSAD:
1 amps espressot
1 lusikas karamellijäätist
Karamellkaste (valikuline, niristamiseks)

JUHISED:
Valmistage espressot ja valage see tassi või klaasi.
Lisa espresso peale kulbikas karamellijäätist.
Soovi korral nirista jäätisele veidi karamellkastet.
Serveeri kohe ja naudi magusat ja kreemjat karamellist affogatot.

19. Affogato piparmündišokolaaditükk

KOOSTISOSAD:
1 amps espressot
1 lusikas piparmündi šokolaaditükkidega jäätist
Tumeda šokolaadi laastud (valikuline, kaunistamiseks)

JUHISED:
Valmistage espressot ja valage see tassi või klaasi.
Lisa tassi lusikatäis piparmündišokolaadijäätist.
Soovi korral kaunista tumeda šokolaadi laastudega.
Serveeri kohe ja naudi piparmündi ja espresso värskendavat kombinatsiooni.

20. Vanilli Bean Affogato

KOOSTISOSAD:
1 amps espressot
1 lusikas vaniljekauna jäätist
Vaniljekauna seemned (valikuline, kaunistamiseks)

JUHISED:
Valmistage espressot ja valage see serveerimistassi.
Aseta tassi kulbikas vaniljekaunajäätist.
Soovi korral puista peale vaniljekauna seemneid maitse ja esitusviisi lisamiseks.
Serveeri kohe ja naudi klassikalist vanilje ja espresso paari.

21. Affogato al Caffè

KOOSTISOSAD:
1 amps espressot
1 lusikas kohvimaitselist gelatot või jäätist

JUHISED:
Valmistage espressot ja valage see tassi või klaasi.
Lisa tassi lusikatäis kohvimaitselist gelatot või jäätist.
Serveeri kohe ja naudi intensiivset kohvikooslust.

22. Iiri kreem Affogato

KOOSTISOSAD:
1 amps espressot
1 lusikas Iiri koort või Baileys-maitselist jäätist
Vahukoor (valikuline, katteks)
Šokolaadisiirup (valikuline, niristamiseks)

JUHISED:
Valmistage espressot ja valage see tassi või klaasi.
Lisa tassi lusikatäis Iiri koort või Baileysi maitsega jäätist.
Soovi korral kalla peale vahukoor ja nirista jäätisele šokolaadisiirupit.
Serveeri kohe ja naudi rikkalikku ja kreemjat Iiri kreemjat affogatot.

23. Kookosešokolaad Affogato

KOOSTISOSAD:
1 amps espressot
1 lusikas kookosešokolaadijäätist
Röstitud kookoshelbed (valikuline, kaunistamiseks)

JUHISED:
Valmistage espressot ja valage see tassi või klaasi.
Lisa espresso peale lusikatäis kookosešokolaadijäätist.
Soovi korral kaunista troopilise maitse saamiseks röstitud kookoshelvestega.
Serveeri kohe ja naudi kookose ja šokolaadi mõnusat segu espressoga.

24. Soolakaramell Affogato

KOOSTISOSAD:
1 amps espressot
1 lusikas soolakaramelli jäätist
Meresoolahelbed (valikuline, kaunistuseks)

JUHISED:
Valmistage espressot ja valage see tassi või klaasi.
Lisa tassi lusikatäis soolakaramellijäätist.
Soovi korral puista peale näpuotsatäis meresoolahelbeid maitsete kontrasti saamiseks.
Serveeri kohe ja naudi täiuslikku magusa ja soolase tasakaalu selles affogato variatsioonis.

25. Cherry Affogato

KOOSTISOSAD:
1 amps espressot
1 lusikas kirsi- või musta metsa gelatot või jäätist
Värsked kirsid (valikuline, kaunistuseks)

JUHISED:
Valmistage espressot ja valage see serveerimistassi.
Aseta tassi lusikas kirsi- või musta metsa gelatot või jäätist.
Soovi korral kaunista värskete kirssidega, et saada mahlakas särts.
Serveeri kohe ning naudi kirsside ja espresso kombinatsiooni.

26. Oranž Affogato

KOOSTISOSAD:
1 amps espressot
1 lusikas apelsini sorbetti või želatot
Apelsini koor (valikuline, kaunistamiseks)

JUHISED:
Valmistage espressot ja valage see tassi või klaasi.
Lisa espresso peale kulbitäis apelsinisorbetti või želatot.
Soovi korral puista peale veidi apelsinikoort, et lisada tsitruseliste aroomi.
Serveeri kohe ja naudi värskendavat apelsinilisandiga affogatot.

27. Küpsised ja koor Affogato

KOOSTISOSAD:
1 amps espressot
1 lusikas küpsiseid ja koorejäätist
Purustatud šokolaadi võileivaküpsised (valikuline, kaunistuseks)

JUHISED:
Valmistage espressot ja valage see tassi või klaasi.
Lisa tassi küpsised ja koorejäätis.
Soovi korral kaunista tekstuuri lisamiseks purustatud šokolaadiküpsistega.
Serveeri kohe ja naudi klassikalist küpsiste ja koore kombinatsiooni espressoga.

28. Matcha Affogato

KOOSTISOSAD:
1 amps espressot
1 lusikas matcha rohelise tee jäätist
Matcha pulber (valikuline, kaunistamiseks)

JUHISED:
Valmistage espressot ja valage see serveerimistassi.
Aseta tassi kulbikas matcha rohelise tee jäätist.
Soovi korral puista peale veidi matcha pulbrit, et saada maitset.
Serveeri kohe ja naudi matcha ja espresso ainulaadset kombinatsiooni.

29. Maapähklivõi Affogato

KOOSTISOSAD:
1 amps espressot
1 lusikas maapähklivõid või maapähklivõi tassijäätist
Purustatud maapähklid (valikuline, kaunistamiseks)

JUHISED:
Valmistage espressot ja valage see tassi või klaasi.
Lisa espresso peale lusikas maapähklivõid või maapähklivõi tassijäätist.
Soovi korral puista jäätisele purustatud maapähkleid.
Serveeri kohe ja naudi maapähklivõi ja espresso mõnusat kombinatsiooni.

30. Vaarika Affogato

KOOSTISOSAD:
1 amps espressot
1 lusikas vaarika sorbetti või želatot
Värsked vaarikad (valikuline, kaunistuseks)

JUHISED:
Valmistage espressot ja valage see tassi või klaasi.
Lisa tassi lusikatäis vaarikasorbetti või gelatot.
Soovi korral kaunista värskete vaarikatega, et saada puuviljamaitset.
Serveeri kohe ja naudi särtsakat vaarika affogatot.

GOURMET AFFFOGATO VARIATSIOONID

31. Lavendli mesi Affogato

KOOSTISOSAD:
LAVENDLI MEE GELATO:
- 2 tassi täispiima
- 1 tass rasket koort
- ½ tassi mett
- 2 spl kuivatatud lavendliõisi
- 5 munakollast
- ¼ teelusikatäit soola

AFFOGATO
- 1 lusikas lavendli meega gelato
- 1 amps (umbes 1–2 untsi) värskelt valmistatud espressot
- Valikuline: värsked lavendlioksad kaunistuseks

JUHISED:
LAVENDLI MEE GELATO:

a) Sega kastrulis piim, koor, mesi ja kuivatatud lavendliõied. Asetage kastrul keskmisele kuumusele ja kuumutage segu aeg-ajalt segades, kuni see hakkab aurama. Ära lase keema.
b) Pärast aurutamist tõsta kastrul tulelt ja lase lavendlil segus umbes 20 minutit tõmmata.
c) Vahusta eraldi kausis munakollased ja sool, kuni need on hästi segunenud.
d) Valage lavendliga immutatud piimasegu aeglaselt munakollaste hulka, pidevalt vahustades munade tempereerimiseks.
e) Vala segu tagasi kastrulisse ja küpseta keskmisel kuumusel pidevalt segades, kuni see pakseneb ja katab lusika seljaosa. Selleks peaks kuluma umbes 5-7 minutit.
f) Tõsta kastrul tulelt ja kurna segu läbi peene sõela, et eemaldada lavendliõied ja kõik keedetud munatükid. Visake kuivained ära.
g) Laske segul jahtuda toatemperatuurini, seejärel katke kaanega ja hoidke külmkapis vähemalt 4 tundi või üleöö, et jahtuda ja maitsed areneksid.
h) Kui segu on jahtunud, kalla segu jäätisemasinasse ja klopi vastavalt tootja JUHIStele: kuni želato saavutab pehme serveerimiskonsistentsi.
i) Tõsta gelato kaanega anumasse ja pane sügavkülma vähemalt 4 tunniks või kuni see on tahenenud.

Affogato
j) Asetage serveerimisklaasi või kaussi lusikas lavendli meega gelato.
k) Valmistage espressot espressomasina või mõne varem mainitud alternatiivse kohvi valmistamise meetodi abil.
l) Valage kuum espresso lavendli-meega gelato peale.
m) Kaunista soovi korral värske lavendlioksaga.
n) Serveeri Lavender Honey Affogatot kohe ja naudi kreemja gelato kombinatsiooni lavendli ja mee aromaatsete maitsetega, mida täiustab espresso rikkalikkus.

32. Balsamico Maasika Affogato

KOOSTISOSAD:
BALSAMILINE MAASIKAGELATO:
- 2 tassi värskeid maasikaid, kooritud ja tükeldatud
- ½ tassi suhkrut
- 1 spl palsamiäädikat
- 2 tassi täispiima
- 1 tass rasket koort
- 5 munakollast
- ½ tl vaniljeekstrakti
- Näputäis soola

Affogato
- 1 lusikas balsamico maasika gelato
- 1 amps (umbes 1–2 untsi) värskelt valmistatud espressot
- Valikuline: kaunistuseks värsked maasikad

JUHISED:
BALSAMILINE MAASIKAGELATO:
a) Sega kausis tükeldatud maasikad, suhkur ja palsamiäädikas. Laske segul umbes 15 minutit seista, laske maasikatel leotada ja oma mahla vabastada.

b) Tõsta maasikasegu blenderisse või köögikombaini ja blenderda ühtlaseks massiks. Kõrvale panema.

c) Kuumuta potis piima ja koort keskmisel kuumusel, kuni see hakkab aurama, aeg-ajalt segades. Ära lase keema.

d) Vahusta eraldi kausis munakollased, vaniljeekstrakt ja sool, kuni need on hästi segunenud.

e) Kalla soe piima ja koore segu aeglaselt munakollaste hulka, pidevalt vahustades munade tempereerimiseks.

f) Vala segu tagasi kastrulisse ja küpseta keskmisel kuumusel pidevalt segades, kuni see pakseneb ja katab lusika seljaosa. Selleks peaks kuluma umbes 5-7 minutit.

g) Tõsta kastrul tulelt ja kurna segu läbi peene sõela, et eemaldada kõik keedetud munatükid.

h) Segage maasikapüree vanillikaste segusse, kuni see on hästi segunenud.

i) Laske segul jahtuda toatemperatuurini, seejärel katke kaanega ja hoidke külmkapis vähemalt 4 tundi või üleöö, et jahtuda ja maitsed areneksid.

j) Kui segu on jahtunud, kalla segu jäätisemasinasse ja klopi vastavalt tootja JUHIStele: kuni želato saavutab pehme serveerimiskonsistentsi.
k) Tõsta gelato kaanega anumasse ja pane sügavkülma vähemalt 4 tunniks või kuni see on tahenenud.

Affogato
l) Aseta serveerimisklaasi või kaussi kulbitäis balsamico-maasikagelato't.
m) Valmistage espressot espressomasina või mõne varem mainitud alternatiivse kohvi valmistamise meetodi abil.
n) Vala kuum espresso lusikatäis balsamico-maasikagelato peale.
o) Soovi korral kaunista värskete maasikatega.
p) Serveeri Balsamic Strawberry Affogatot kohe ja naudi kreemja gelato kombinatsiooni balsamico maasikate magusate ja teravate maitsetega, mida täiendab espresso rikkalikkus

33. Oliivõli ja meresool Affogato

KOOSTISOSAD:
OLIIVIÕLI JA MERESOOLA GELATO:
- 2 tassi täispiima
- 1 tass rasket koort
- ¾ tassi granuleeritud suhkrut
- 4 suurt munakollast
- ⅓ tassi ekstra neitsioliiviõli
- 1 tl puhast vaniljeekstrakti
- ½ tl meresoola

AFFOGATO
- 1 lusikas oliiviõli ja meresoola gelato
- 1 amps (umbes 1–2 untsi) värskelt valmistatud espressot
- Valikuline: tilk ekstra neitsioliiviõli ja puista meresoola kaunistuseks

JUHISED:
OLIIVIÕLI JA MERESOOLA GELATO:
a) Sega kastrulis piim ja koor. Kuumuta keskmisel kuumusel, kuni see hakkab aurama, aeg-ajalt segades. Ära lase keema.
b) Vahusta eraldi kausis suhkur ja munakollased ühtlaseks massiks.
c) Kalla soe piima ja koore segu aeglaselt munakollaste hulka, pidevalt vahustades munade tempereerimiseks.
d) Vala segu tagasi kastrulisse ja küpseta keskmisel kuumusel pidevalt segades, kuni see pakseneb ja katab lusika seljaosa. Selleks peaks kuluma umbes 5-7 minutit.
e) Eemaldage kastrul tulelt ja vahustage oliiviõli, vaniljeekstrakt ja meresool, kuni need on hästi segunenud.
f) Laske segul jahtuda toatemperatuurini, seejärel katke kaanega ja hoidke külmkapis vähemalt 4 tundi või üleöö, et jahtuda ja maitsed areneksid.
g) Kui segu on jahtunud, kalla segu jäätisemasinasse ja klopi vastavalt tootja JUHIStele: kuni želato saavutab pehme serveerimiskonsistentsi.
h) Tõsta gelato kaanega anumasse ja pane sügavkülma vähemalt 4 tunniks või kuni see on tahenenud.

AFFOGATO
i) Asetage serveerimisklaasi või kaussi kulbitäis oliiviõli ja meresoola gelato.

j) Valmistage espressot espressomasina või mõne varem mainitud alternatiivse kohvi valmistamise meetodi abil.
k) Vala kuum espresso lusikatäie oliiviõli ja meresoola gelato peale.
l) Soovi korral nirista želato peale veidi ekstra neitsioliiviõli ja maitse lisamiseks puista peale näpuotsaga meresoola.
m) Serveeri oliiviõli ja meresoola Affogatot kohe ja naudi kreemja gelato kombinatsiooni ainulaadsete oliiviõli ja meresoola maitsetega, mida täiustab espresso rikkalikkus.

34. Sinihallitusjuust ja viigimarja Affogato

KOOSTISOSAD:
SINILINE JUUSTU JA VIIGIVIRI GELATO:
- 2 tassi täispiima
- 1 tass rasket koort
- ¾ tassi granuleeritud suhkrut
- 4 suurt munakollast
- 4 untsi sinihallitusjuustu, purustatud
- 1 tass kuivatatud viigimarju, peeneks hakitud
- 1 tl vaniljeekstrakti

AFFOGATO
- 1 lusikas sinihallitusjuustu ja viigimarja gelato
- 1 amps (umbes 1–2 untsi) värskelt valmistatud espressot
- Soovi korral: kaunistuseks tilk mett

JUHISED:
SINILINE JUUSTU JA VIIGIVIRI GELATO:
a) Sega kastrulis piim ja koor. Kuumuta keskmisel kuumusel, kuni see hakkab aurama, aeg-ajalt segades. Ära lase keema.
b) Vahusta eraldi kausis suhkur ja munakollased ühtlaseks massiks.
c) Kalla soe piima ja koore segu aeglaselt munakollaste hulka, pidevalt vahustades munade tempereerimiseks.
d) Vala segu tagasi kastrulisse ja küpseta keskmisel kuumusel pidevalt segades, kuni see pakseneb ja katab lusika seljaosa. Selleks peaks kuluma umbes 5-7 minutit.
e) Tõsta kastrul tulelt ja sega hulka purustatud sinihallitusjuust, kuni see on täielikult sulanud ja segunenud.
f) Segage hakitud kuivatatud viigimarjad ja vaniljeekstrakt, kuni need on hästi segunenud.
g) Laske segul jahtuda toatemperatuurini, seejärel katke kaanega ja hoidke külmkapis vähemalt 4 tundi või üleöö, et jahtuda ja maitsed areneksid.
h) Kui segu on jahtunud, kalla segu jäätisemasinasse ja klopi vastavalt tootja JUHIStele: kuni želato saavutab pehme serveerimiskonsistentsi.
i) Tõsta gelato kaanega anumasse ja pane sügavkülma vähemalt 4 tunniks või kuni see on tahenenud.

AFFOGATO
j) Aseta serveerimisklaasi või kaussi kulbitäis sinihallitusjuustu ja viigimarja gelato.

k) Valmistage espressot espressomasina või mõne varem mainitud alternatiivse kohvi valmistamise meetodi abil.
l) Kalla kuum espresso sinihallitusjuustu ja viigimarja gelato peale.
m) Valikuline: Magususe ja kaunistuse saamiseks nirista peale veidi mett.
n) Serveerige sinihallitusjuustu ja viigimarja Affogatot kohe ning nautige kreemja, soolase sinihallitusjuustu gelato ainulaadset kombinatsiooni viigimarjade magusate ja puuviljaste nootidega, mida täiustab espresso rikkalikkus.

35. Rosemary Caramel Affogato

KOOSTISOSAD:
ROSEMARIINI KARAMELL GELATO:
- 2 tassi täispiima
- 1 tass rasket koort
- ¾ tassi granuleeritud suhkrut
- 4 suurt munakollast
- 2 oksa värsket rosmariini
- 1 tl vaniljeekstrakti
- ½ tassi karamellkastet

AFFOGATO
- 1 lusikas rosmariinikaramelli gelato
- 1 amps (umbes 1–2 untsi) värskelt valmistatud espressot
- Valikuline: oksake värsket rosmariini kaunistuseks

JUHISED:
ROSEMARIINI KARAMELL GELATO:
a) Sega kastrulis piim, koor ja värsked rosmariinioksad. Kuumuta keskmisel kuumusel, kuni see hakkab aurama, aeg-ajalt segades. Ära lase keema.
b) Vahusta eraldi kausis suhkur ja munakollased ühtlaseks massiks.
c) Kalla soe piim ja rosmariini segu aeglaselt munakollaste hulka, pidevalt vahustades munade tempereerimiseks.
d) Vala segu tagasi kastrulisse ja küpseta keskmisel kuumusel pidevalt segades, kuni see pakseneb ja katab lusika seljaosa. Selleks peaks kuluma umbes 5-7 minutit.
e) Tõsta kastrul tulelt ja kurna segu läbi peene sõela, et eemaldada rosmariinioksad.
f) Segage vaniljeekstrakt ja karamellkaste, kuni need on hästi segunenud.
g) Laske segul jahtuda toatemperatuurini, seejärel katke kaanega ja hoidke külmkapis vähemalt 4 tundi või üleöö, et jahtuda ja maitsed areneksid.
h) Kui segu on jahtunud, kalla segu jäätisemasinasse ja klopi vastavalt tootja JUHIStele: kuni želato saavutab pehme serveerimiskonsistentsi.
i) Tõsta gelato kaanega anumasse ja pane sügavkülma vähemalt 4 tunniks või kuni see on tahenenud.

AFFOGATO

j) Asetage serveerimisklaasi või kaussi lusikas rosmariinikaramelli gelato.
k) Valmistage espressot espressomasina või mõne varem mainitud alternatiivse kohvi valmistamise meetodi abil.
l) Valage kuum espresso rosmariinikaramelli gelato kulbi peale.
m) Valikuline: kaunistage värske rosmariini oksaga dekoratiivse puudutuse saamiseks.
n) Serveeri Rosemary Caramel Affogatot kohe ja naudi kreemja karamellise gelato kombinatsiooni, millele on imbunud rosmariini aromaatne essents, mida täiuslikult täiendab espresso uljus.

36. Safran Pistaatsia Affogato

KOOSTISOSAD:
SAFFRON-PISTAATSIAPÕELATO:
- 2 tassi täispiima
- 1 tass rasket koort
- ¾ tassi granuleeritud suhkrut
- 4 suurt munakollast
- ¼ tl safrani niidid
- 1 tl vaniljeekstrakti
- ½ tassi pistaatsiapähklid, kooritud ja peeneks hakitud

AFFOGATO
- 1 lusikas safranist pistaatsia gelatot
- 1 amps (umbes 1–2 untsi) värskelt valmistatud espressot
- Valikuline: puistake purustatud pistaatsiapähkel kaunistuseks

JUHISED:
SAFFRON-PISTAATSIAPÕELATO:
a) Sega kastrulis piim, koor ja safrani niidid. Kuumuta keskmisel kuumusel, kuni see hakkab aurama, aeg-ajalt segades. Ära lase keema.
b) Vahusta eraldi kausis suhkur ja munakollased ühtlaseks massiks.
c) Kalla soe piim ja safrani segu aeglaselt munakollaste hulka, pidevalt vahustades munade tempereerimiseks.
d) Vala segu tagasi kastrulisse ja küpseta keskmisel kuumusel pidevalt segades, kuni see pakseneb ja katab lusika seljaosa. Selleks peaks kuluma umbes 5-7 minutit.
e) Tõsta kastrul tulelt ja kurna segu läbi peene sõela, et eemaldada safranilõng.
f) Segage vaniljeekstrakti, kuni see on hästi segunenud.
g) Laske segul jahtuda toatemperatuurini, seejärel katke kaanega ja hoidke külmkapis vähemalt 4 tundi või üleöö, et jahtuda ja maitsed areneksid.
h) Kui segu on jahtunud, kalla segu jäätisemasinasse ja klopi vastavalt tootja JUHIStele: kuni želato saavutab pehme serveerimiskonsistentsi.
i) Segage peeneks hakitud pistaatsiapähklid, tagades, et need jaotuvad ühtlaselt kogu želatos.
j) Tõsta gelato kaanega anumasse ja pane sügavkülma vähemalt 4 tunniks või kuni see on tahenenud.
AFFOGATO

k) Asetage serveerimisklaasi või kaussi lusikas safranist pistaatsia gelato't.
l) Valmistage espressot espressomasina või mõne varem mainitud alternatiivse kohvi valmistamise meetodi abil.
m) Valage kuum espresso safranipistaatsia gelato kulbi peale.
n) Valikuline: puistake kaunistamiseks purustatud pistaatsiapähklid.
o) Serveeri Saffron Pistachio Affogato kohe ja naudi õrna safranimaitse, pistaatsiapähklite pähklisuse ja espresso rikkalikkuse kombinatsiooni.

37. Matcha valge šokolaad Affogato

KOOSTISOSAD:
MATCHA VALGE ŠOKOLAADI GELATO:
- 2 tassi täispiima
- 1 tass rasket koort
- ¾ tassi granuleeritud suhkrut
- 4 suurt munakollast
- 3 supilusikatäit matcha pulbrit
- 4 untsi valget šokolaadi, peeneks hakitud
- 1 tl vaniljeekstrakti

AFFOGATO
- 1 lusikas matcha valge šokolaadi gelatot
- 1 amps (umbes 1–2 untsi) värskelt valmistatud espressot
- Valikuline: kaunistamiseks puista matcha pulbrit

JUHISED:
MATCHA VALGE ŠOKOLAADI GELATO:
a) Sega kastrulis piim, koor ja matcha pulber. Kuumuta keskmisel kuumusel, kuni see hakkab aurama, aeg-ajalt segades. Ära lase keema.
b) Vahusta eraldi kausis suhkur ja munakollased ühtlaseks massiks.
c) Kalla soe piim ja matcha segu aeglaselt munakollaste hulka, pidevalt vahustades munade tempereerimiseks.
d) Vala segu tagasi kastrulisse ja küpseta keskmisel kuumusel pidevalt segades, kuni see pakseneb ja katab lusika seljaosa. Selleks peaks kuluma umbes 5-7 minutit.
e) Eemaldage kastrul tulelt ja segage tükeldatud valge šokolaadiga, kuni see on täielikult sulanud ja segunenud.
f) Segage vaniljeekstrakti, kuni see on hästi segunenud.
g) Laske segul jahtuda toatemperatuurini, seejärel katke kaanega ja hoidke külmkapis vähemalt 4 tundi või üleöö, et jahtuda ja maitsed areneksid.
h) Kui segu on jahtunud, kalla segu jäätisemasinasse ja klopi vastavalt tootja JUHIStele: kuni želato saavutab pehme serveerimiskonsistentsi.
i) Tõsta gelato kaanega anumasse ja pane sügavkülma vähemalt 4 tunniks või kuni see on tahenenud.

AFFOGATO
j) Aseta serveerimisklaasi või kaussi kulbikas matcha valge šokolaadi gelato.

k) Valmistage espressot espressomasina või mõne varem mainitud alternatiivse kohvi valmistamise meetodi abil.
l) Valage kuum espresso lusikatäis matcha valge šokolaadi gelato peale.
m) Valikuline: puista želato pealmine osa kaunistamiseks matcha pulbriga.
n) Serveeri kohe Matcha White Chocolate Affogatot ja naudi maalähedase, kergelt mõrkja matcha maitse kombinatsiooni valge šokolaadi kreemja magususega, mida täiendab espresso rikkalikkus.

38. Must Seesami Affogato

KOOSTISOSAD:
MUST SESAMI GELATO:
- 2 tassi täispiima
- 1 tass rasket koort
- ¾ tassi granuleeritud suhkrut
- 4 suurt munakollast
- ½ tassi musti seesamiseemneid
- ½ tl vaniljeekstrakti
- Näputäis soola

AFFOGATO
- 1 lusikas musta seesami želatot
- 1 amps (umbes 1–2 untsi) värskelt valmistatud espressot
- Valikuline: kaunistuseks mustad seesamiseemned

JUHISED:
MUST SESAMI GELATO:
a) Röstige kuival pannil keskmisel kuumusel musti seesamiseemneid umbes 2–3 minutit, kuni need muutuvad lõhnavaks, aeg-ajalt segades. Olge ettevaatlik, et mitte neid põletada.

b) Tõsta röstitud seesamiseemned blenderisse või köögikombaini ja jahvata neid peeneks pulbriks. Kõrvale panema.

c) Sega kastrulis piim, koor ja jahvatatud musta seesamipulber. Kuumuta keskmisel kuumusel, kuni see hakkab aurama, aeg-ajalt segades. Ära lase keema.

d) Vahusta eraldi kausis suhkur ja munakollased ühtlaseks massiks.

e) Kalla soe piima ja koore segu aeglaselt munakollaste hulka, pidevalt vahustades munade tempereerimiseks.

f) Vala segu tagasi kastrulisse ja küpseta keskmisel kuumusel pidevalt segades, kuni see pakseneb ja katab lusika seljaosa. Selleks peaks kuluma umbes 5-7 minutit.

g) Tõsta kastrul tulelt ja kurna segu läbi peene sõela, et eemaldada kõik keedetud munatükid ja seesamijäägid.

h) Segage vaniljeekstrakt ja näputäis soola, kuni see on hästi segunenud.

i) Laske segul jahtuda toatemperatuurini, seejärel katke kaanega ja hoidke külmkapis vähemalt 4 tundi või üleöö, et jahtuda ja maitsed areneksid.

j) Kui segu on jahtunud, kalla segu jäätisemasinasse ja klopi vastavalt tootja JUHIStele: kuni želato saavutab pehme serveerimiskonsistentsi.

k) Tõsta gelato kaanega anumasse ja pane sügavkülma vähemalt 4 tunniks või kuni see on tahenenud.

AFFOGATO

l) Asetage serveerimisklaasi või kaussi lusikas musta seesami gelatot.

m) Valmistage espressot espressomasina või mõne varem mainitud alternatiivse kohvi valmistamise meetodi abil.

n) Valage kuum espresso musta seesami gelato kulbi peale.

o) Soovi korral puistake peale mõned mustad seesamiseemned kaunistamiseks.

p) Serveerige Black Sesame Affogatot kohe ja nautige musta seesami pähklise ja röstise maitse kombinatsiooni espresso rikkalikkusega.

39. Kookose sidrunheina Affogato

KOOSTISOSAD:
KOOKOSESIDRUNU GELATO:
- 2 tassi kookospiima
- 1 tass täispiima
- 1 tass rasket koort
- ¾ tassi granuleeritud suhkrut
- 4 suurt munakollast
- 2 sidrunheina vart, muljutud ja tükeldatud
- 1 tl vaniljeekstrakti
- Valikuline: riivitud kookospähkel kaunistamiseks

AFFOGATO
- 1 lusikas kookose-sidrunheina želatot
- 1 amps (umbes 1–2 untsi) värskelt valmistatud espressot
- Valikuline: riivitud kookospähkel kaunistamiseks

JUHISED:
KOOKOSESIDRUNU GELATO:
a) Sega kastrulis kookospiim, täispiim, koor ja sidrunhein. Kuumuta keskmisel kuumusel, kuni see hakkab aurama, aeg-ajalt segades. Ära lase keema.
b) Vahusta eraldi kausis suhkur ja munakollased ühtlaseks massiks.
c) Kalla soe piima ja koore segu aeglaselt munakollaste hulka, pidevalt vahustades munade tempereerimiseks.
d) Vala segu tagasi kastrulisse ja küpseta keskmisel kuumusel pidevalt segades, kuni see pakseneb ja katab lusika seljaosa. Selleks peaks kuluma umbes 5-7 minutit.
e) Tõsta kastrul tulelt ja kurna segu läbi peene sõela, et eemaldada sidrunheinatükid.
f) Segage vaniljeekstrakti, kuni see on hästi segunenud.
g) Laske segul jahtuda toatemperatuurini, seejärel katke kaanega ja hoidke külmkapis vähemalt 4 tundi või üleöö, et jahtuda ja maitsed areneksid.
h) Pärast jahtumist valage segu jäätisemasinasse ja kloppige vastavalt tootja juhistele
JUHISED: kuni gelato saavutab pehme serveerimiskonsistentsi.
i) Tõsta gelato kaanega anumasse ja pane sügavkülma vähemalt 4 tunniks või kuni see on tahenenud.

AFFOGATO

j) Aseta serveerimisklaasi või kaussi kulbitäis kookose-sidrunheina želatot.
k) Valmistage espressot espressomasina või mõne varem mainitud alternatiivse kohvi valmistamise meetodi abil.
l) Vala kuum espresso kookos-sidrunheina gelato kulbi peale.
m) Soovi korral kaunista puista kookosreviga.
n) Serveerige Coconut Lemongrass Affogatot kohe ja nautige kreemja gelato kombinatsiooni kookose troopiliste maitsete ja sidrunheina peente tsitruseliste nootidega, mida täiustab espresso rikkalikkus.

40. Kardemon Rose Affogato

KOOSTISOSAD:
KADEMOMIROOSI GELATO:
- 2 tassi täispiima
- 1 tass rasket koort
- ¾ tassi granuleeritud suhkrut
- 4 suurt munakollast
- 1 tl jahvatatud kardemoni
- 1 tl roosivett
- ¼ tl vaniljeekstrakti
- Valikuline: paar tilka roosat toiduvärvi (erksa roosa värvi saamiseks)

AFFOGATO
- 1 lusikas kardemoni roosiželato
- 1 amps (umbes 1–2 untsi) värskelt valmistatud espressot
- Valikuline: kaunistamiseks söödavad roosi kroonlehed või purustatud pistaatsiapähklid

JUHISED:
KARDEMOMROOSI GELATO:
a) Sega kastrulis piim ja koor. Kuumuta keskmisel kuumusel, kuni see hakkab aurama, aeg-ajalt segades. Ära lase keema.
b) Vahusta eraldi kausis suhkur ja munakollased ühtlaseks massiks.
c) Kalla soe piima ja koore segu aeglaselt munakollaste hulka, pidevalt vahustades munade tempereerimiseks.
d) Vala segu tagasi kastrulisse ja küpseta keskmisel kuumusel pidevalt segades, kuni see pakseneb ja katab lusika seljaosa. Selleks peaks kuluma umbes 5-7 minutit.
e) Eemaldage kastrul tulelt ja segage jahvatatud kardemon, roosivesi, vaniljeekstrakt ja roosa toiduvärv (kui kasutate). Maitsete segunemiseks ja soovitud värvi saavutamiseks segage hästi.
f) Laske segul jahtuda toatemperatuurini, seejärel katke kaanega ja hoidke külmkapis vähemalt 4 tundi või üleöö, et jahtuda ja maitsed areneksid.
g) Kui segu on jahtunud, kalla segu jäätisemasinasse ja klopi vastavalt tootja JUHIStele: kuni želato saavutab pehme serveerimiskonsistentsi.
h) Tõsta gelato kaanega anumasse ja pane sügavkülma vähemalt 4 tunniks või kuni see on tahenenud.

AFFOGATO
i) Aseta serveerimisklaasi või kaussi kulbitäis kardemoni roosigeeli.

j) Valmistage espressot espressomasina või mõne varem mainitud alternatiivse kohvi valmistamise meetodi abil.
k) Valage kuum espresso lusikatäie kardemoniroosi gelato peale.
l) Soovi korral kaunista söödavate roosi kroonlehtede või purustatud pistaatsiapähklitega.
m) Serveerige Cardamom Rose Affogatot kohe ja nautige kreemja gelato kombinatsiooni kardemoni ja roosi aromaatsete maitsetega, mida täiustab espresso rikkalikkus.

41. Kardemon Affogato

KOOSTISOSAD:
1 amps espressot
1 lusikas kardemoniga infusiooniga jäätist
Purustatud pistaatsiapähklid (valikuline, kaunistamiseks)

JUHISED:
Valmistage espressot ja valage see tassi või klaasi.
Lisa espresso peale lusikas kardemoniga kaetud jäätist.
Soovi korral kaunista tekstuuri ja maitse lisamiseks purustatud pistaatsiapähklitega.
Serveeri kohe ja naudi eksootilist kardemoni ja espresso segu.

42. Affogato roosivee puista

KOOSTISOSAD:
1 amps espressot
1 lusikas roosivee jäätist
Kuivatatud roosi kroonlehed (valikuline, kaunistamiseks)
Värvilised puistad (valikuline)

JUHISED:
Valmistage espressot ja valage see serveerimistassi.
Aseta tassi lusikas roosiveejäätist.
Soovi korral lisage puistad ja kuivatatud roosi kroonlehed, et saada ilus esitus.
Serveeri kohe ja naudi roosivee õrnaid lillelisi noote koos espressoga.

43. Safran Pistaatsia Affogato

KOOSTISOSAD:
1 amps espressot
1 lusikas safraniga infusiooniga jäätist
Tükeldatud pistaatsiapähklid (valikuline, kaunistamiseks)

JUHISED:
Valmistage espressot ja valage see tassi või klaasi.
Lisa espresso peale lusikas safraniga infusiooniga jäätist.
Soovi korral kaunista krõmpsu ja maitse lisamiseks hakitud pistaatsiapähklitega.
Serveeri kohe ja naudi luksuslikku safrani ja espresso kombinatsiooni.

44. Viigimarjapalsami Affogato

KOOSTISOSAD:
1 amps espressot
1 lusikas viigimarjapalsamico želatot või jäätist
Viigiviilud (valikuline, kaunistamiseks)

JUHISED:
Valmistage espressot ja valage see tassi või klaasi.
Lisa tassi lusikatäis viigimarjapalsamico-gelatot või jäätist.
Soovi korral kaunistage värskete viigimarjade viiludega, et saada peent puudutust.
Serveeri kohe ja naudi ainulaadset viigimarja ja balsamico segu koos espressoga.

45. Maple Walnut Affogato

KOOSTISOSAD:
1 amps espressot
1 lusikas vahtra-pähkli jäätist
Hakitud kreeka pähklid (valikuline, kaunistamiseks)

JUHISED:
Valmistage espressot ja valage see serveerimistassi.
Asetage tassi kulbitäis vahtrapähkli jäätist.
Soovi korral puista peale hakitud kreeka pähkleid, et lisada krõmpsu ja maitset.
Serveeri kohe ja naudi vahtra ja pähkli lohutavat kombinatsiooni espressoga.

46. Espresso Martini Affogato

KOOSTISOSAD:
1 amps espressot
1 lusikas kohvilikööri või espresso-martini maitsega jäätist
Kohvioad (valikuline, kaunistamiseks)

JUHISED:
Valmistage espressot ja valage see tassi või klaasi.
Lisa tassi lusikatäis kohvilikööri või espresso-martini-maitselist jäätist.
Soovi korral kaunista kofeiini lisamiseks mõne kohvioaga.
Serveerige kohe ja nautige espresso ja espresso martini dekadentlikku kombinatsiooni.

47. Blackberry Sage Affogato

KOOSTISOSAD:
1 amps espressot
1 lusikas murakasalvei gelatot või jäätist
Värsked murakad (valikuline, kaunistuseks)

JUHISED:
Valmistage espressot ja valage see tassi või klaasi.
Lisa espresso peale lusikas murakasalvei gelatot või jäätist.
Soovi korral kaunista värskete murakatega, et saada puuviljamaitset.
Serveeri kohe ja naudi muraka ja salvei ainulaadset kombinatsiooni espressoga.

48. Kookose sidrunheina Affogato

KOOSTISOSAD:
1 amps espressot
1 lusikas kookose-sidrunheina želatot või jäätist
Röstitud kookoshelbed (valikuline, kaunistamiseks)

JUHISED:
Valmistage espressot ja valage see tassi või klaasi.
Lisa tassi lusikatäis kookose-sidrunheina gelatot või jäätist.
Soovi korral kaunista röstitud kookoshelvestega tekstuuri ja troopilise maitse lisamiseks.
Serveeri kohe ja naudi kookose ja sidrunheina värskendavat kooslust espressoga.

49. Piparkoogid Affogato

KOOSTISOSAD:
1 amps espressot
1 lusikas piparkoogimaitselist jäätist
Piparkoogi küpsisepuru (valikuline, kaunistuseks)

JUHISED:
Valmistage espressot ja valage see serveerimistassi.
Aseta tassi kulbikas piparkoogimaitselist jäätist.
Soovi korral puista peale piparkoogi küpsisepuru, et lisada vürtsi ja tekstuuri.
Serveeri kohe ja naudi piparkookide ja espresso pidulikku kombinatsiooni.

50. Earl Grey Tea Affogato

KOOSTISOSAD:
1 amps espressot
1 lusikas Earl Grey teega jäätist
Bergamoti koor (valikuline, kaunistamiseks)

JUHISED:
Valmistage espressot ja valage see tassi või klaasi.
Lisa tassi lusikatäis Earl Grey teega jäätist.
Soovi korral kaunista bergamotikoorega, et saada aromaatset puudutust.
Serveeri kohe ja naudi Earl Grey tee ja espresso aromaatset segu.

51. Cherry Amaretto Affogato

KOOSTISOSAD:
1 amps espressot
1 lusikas kirsi amaretto gelatot või jäätist
Amaretto liköör (valikuline, tilgutamiseks)

JUHISED:
Valmistage espressot ja valage see tassi või klaasi.
Lisa espresso peale lusikatäis kirsi amaretto gelatot või jäätist.
Soovi korral nirista jäätisele veidi amaretto likööri, et saada lisamaitset.
Serveerige kohe ja nautige kirsside, amaretto ja espresso rikkalikku kombinatsiooni.

52. Pistaatsiaroos Affogato

KOOSTISOSAD:
1 amps espressot
1 lusikas pistaatsiaroosi želatot või jäätist
Pistaatsiapähklipuru (valikuline, kaunistuseks)

JUHISED:
Valmistage espressot ja valage see tassi või klaasi.
Lisa espresso peale lusikas pistaatsiaroosi želatot või jäätist.
Soovi korral kaunista pistaatsiapähklipuruga tekstuuri ja pähklise maitse lisamiseks.
Serveeri kohe ja naudi pistaatsia ja roosi oivalist kombinatsiooni espressoga.

53. Mocha sarapuupähkli Affogato

KOOSTISOSAD:
1 amps espressot
1 lusikas sarapuupähkli gelatot või jäätist
Purustatud sarapuupähklid (valikuline, kaunistamiseks)

JUHISED:
Valmistage espressot ja valage see serveerimistassi.
Aseta tassi kulbitäis moka-sarapuupähkli gelatot või jäätist.
Soovi korral puista peale purustatud sarapuupähkleid, et lisada krõmpsu ja maitset.
Serveeri kohe ja naudi mokka, sarapuupähkli ja espresso mõnusat kombinatsiooni.

54. Karamell Macchiato Affogato

KOOSTISOSAD:
1 amps espressot
1 lusikas karamell-macchiato-maitselist jäätist
Karamellkaste (valikuline, niristamiseks)

JUHISED:
Valmistage espressot ja valage see tassi või klaasi.
Lisa tassi lusikatäis karamellmacchiato-maitselist jäätist.
Soovi korral nirista jäätisele karamellikastet täiendava magususe saamiseks.
Serveeri kohe ja naudi rikkalikku karamelli ja espresso maitset selles affogato variatsioonis.

55. Kaneelirull Affogato

KOOSTISOSAD:
1 amps espressot
1 lusikas kaneelirullimaitselist jäätist
Kaneelisuhkur (valikuline, kaunistuseks)

JUHISED:
Valmistage espressot ja valage see tassi või klaasi.
Lisa espresso peale lusikatäis kaneelirulliga maitsestatud jäätist.
Soovi korral puista peale kaneelisuhkrut, et saada mõnus kaneelisammu.
Serveeri kohe ja naudi kaneelirulli ja espresso lohutavaid maitseid.

56. Mustika juustukook Affogato

KOOSTISOSAD:
1 amps espressot
1 lusikas mustika-juustukoogi gelatot või jäätist
Värsked mustikad (valikuline, kaunistuseks)

JUHISED:
Valmistage espressot ja valage see serveerimistassi.
Aseta tassi lusikas mustika-juustukoogi gelatot või jäätist.
Soovi korral kaunista värskete mustikatega, et saada puuviljamaitset.
Serveeri kohe ja naudi mustika-juustukoogi ja espresso mõnusat kombinatsiooni.

57. Cacao Nib Affogato

KOOSTISOSAD:
- Kakao nibid
- Kuum espresso või kange kohv
- Vanilje gelato või jäätis

JUHISED:
a) Alustuseks asetage serveerimisklaasi või tassi kulbitäis vanilježelatot või -jäätist.
b) Puista želato peale ohtralt kakaotükke. Kakaotükid lisavad maitsvat krõmpsu ja šokolaadimaitset.
c) Valmistage soovitud meetodil kuuma espressot või valmistage tass kanget kohvi.
d) Valage kuum espresso või kohv ettevaatlikult želato- ja kakaotükkidele. Kuum vedelik sulatab želato kergelt, luues kreemja ja dekadentliku magustoidu.
e) Laske affogatol mõni sekund settida ja laske maitsetel kokku sulada.
f) Serveeri Cacao Nib Affogatot kohe ja naudi seda seni, kuni gelato on veel kreemjas ja kohv kuum.

PIIRKONDLIKUD VARIATSIOONID

58. Prantsuse kohvik Affogato

KOOSTISOSAD:
- 1 lusikas prantsuse vaniljejäätist
- 1 amps (umbes 1–2 untsi) värskelt keedetud kanget kohvi
- 1 supilusikatäis Grand Marnier (apelsiniliköör)
- Soovi korral: kaunistuseks vahukoor ja riivitud tume šokolaad

JUHISED:

a) Asetage serveerimisklaasi või kaussi kulbitäis prantsuse vaniljejäätist. Veenduge, et jäätis oleks hästi jahtunud.

b) Valmistage espressomasina või mõne varem mainitud alternatiivse kohvi valmistamise meetodi abil amps kanget kohvi. Veenduge, et kohv on kuum ja värskelt valmistatud.

c) Valage kuum kohv jäätiselussi peale, laske sellel sulada ja seguneda jäätisega.

d) Lisa affogatole supilusikatäis Grand Marnier'd. Apelsiniliköör lisab magustoidule veidi tsitruselist magusust ja rafineeritust.

e) Soovi korral lisage affogatot tükikese vahukoort ja puista riivitud tumedat šokolaadi, et anda meeldiv maitse.

f) Serveeri Prantsuse Café Affogatot kohe, lase jäätisel veidi sulada ning kombineeri kohvi ja Grand Marnier'ga.

59. Iirimaa Affogato

KOOSTISOSAD:
- 1 lusikas Iiri koorega gelatot või jäätist
- 1 amps Iiri viskit
- 1 amps espressot
- vahukoor (valikuline).

JUHISED:
a) Asetage serveerimisklaasi kulbitäis Iiri koorega gelatot või jäätist.
b) Valage gelato peale amps Iiri viskit.
c) Lisa tilk kuuma espressot.
d) Soovi korral tõsta peale vahukoort.
e) Serveerige kohe ja nautige klassikalise Affogato iiri hõngu.

60. Argentina Gelato al Caffè Affogato

KOOSTISOSAD:
- 2 ampsu espressot
- 2 lusikatäit dulce de leche gelato't (või karamellist gelato't)
- Vahukoor
- Kaunistuseks riivitud šokolaad või kakaopulber

JUHISED:
a) Valmistage espressomasina või pliidiplaadiga espressomasina abil kaks ampsu espressot.
b) Aseta serveerimisnõusse või klaasi kaks kulbitäit dulce de leche gelato't (või caramel gelato't).
c) Valage kuumad espressokotsid gelato peale.
d) Tõsta peale ohtralt vahukoort.
e) Kaunista hakitud šokolaadi või puista kakaopulbriga.
f) Serveeri kohe ja naudi rikkalike karamelli maitsete, kreemja gelato ja kange espresso imalat kombinatsiooni.

61. Mehhiko Affogato

KOOSTISOSAD:
- 1 lusikas Mehhiko šokolaadi gelatot või jäätist
- 1 amps tequilat
- 1 amps espressot
- kaneelipulber

JUHISED:

a) Asetage serveerimisklaasi lusikas Mehhiko šokolaadist gelatot või jäätist.
b) Valage gelato peale tilk tekiilat.
c) Lisa tilk kuuma espressot.
d) Puista üle kaneelipulbriga.
e) Serveeri kohe ja naudi Mehhiko šokolaadi maitseid koos tekiilaga.

62. Kreeka Affogato

KOOSTISOSAD:
- 1 lusikas kreeka jogurti gelatot või külmutatud jogurtit
- 1 amps ouzot (aniisimaitseline liköör)
- 1 amps espressot
- kallis

JUHISED:
a) Asetage serveerimisklaasi lusikas kreeka jogurti gelatot või külmutatud jogurtit.
b) Valage želato peale tükike ouzot.
c) Lisa tilk kuuma espressot.
d) Nirista meega.
e) Serveeri kohe ja naudi Kreekast inspireeritud jogurti, aniisi ja espresso kombinatsiooni.

63. Türgi Affogato

KOOSTISOSAD:
- 1 lusikas Türgi kohvi gelatot või jäätist
- 1 amps Türgi kohvi
- kardemoni pulber
- hakitud pistaatsiapähklid

JUHISED:
a) Asetage serveerimisklaasi kulbitäis Türgi kohvi gelatot või jäätist.
b) Valage gelato peale tilk Türgi kohvi.
c) Puista üle kardemonipulbriga.
d) Kaunista hakitud pistaatsiapähklitega.
e) Serveeri kohe ja naudi Türgi kohvi rikkalikke maitseid.

64. Jaapani Matcha Affogato

KOOSTISOSAD:
- 1 lusikas matcha rohelise tee gelatot või jäätist
- 1 amps matcha rohelist teed
- magustatud punase oa pasta (anko)
- matcha pulber (valikuline)

JUHISED:

a) Aseta serveerimisklaasi kulbitäis matcha rohelise tee gelatot või jäätist.

b) Valage gelato peale tilk matcha rohelist teed.

c) Lisa nukk magustatud punaste ubade pasta.

d) Soovi korral puista peale matcha pulbrit.

e) Serveeri kohe ja naudi jaapani matcha ja punaste ubade maitsete sulandumist.

65. Brasiilia cachaça Affogato

KOOSTISOSAD:
- 1 lusikas dulce de leche gelato't või jäätist
- 1 amps cachaçat (Brasiilia rumm)
- 1 amps espressot
- šokolaadi laastud

JUHISED:
a) Aseta serveerimisklaasi lusikas dulce de leche gelato't või jäätist.
b) Valage gelato peale tilk cachaçat.
c) Lisa tilk kuuma espressot.
d) Puista peale šokolaadilaastud.
e) Serveerige kohe ja nautige Brasiilia magusaid ja joovaid maitseid.

66. Hispaania espresso ja Helado

KOOSTISOSAD:
- 1 lusikas vaniljejäätist või Hispaania horchata-maitselist jäätist
- 1 amps (umbes 1–2 untsi) värskelt valmistatud espressot
- Soovi korral: puista jahvatatud kaneeli või tilk šokolaadisiirupit kaunistuseks

JUHISED:
a) Aseta serveerimisklaasi või kaussi kulbitäis vaniljejäätist või Hispaania horchata-maitselist jäätist. Veenduge, et jäätis oleks hästi jahtunud.

b) Valmistage espressot espressomasina või mõne varem mainitud alternatiivse kohvi valmistamise meetodi abil. Veenduge, et espresso on kuum ja värskelt valmistatud.

c) Valage kuum espresso jäätiselussi peale, laske sellel sulada ja segunevad jäätisega.

d) Soovi korral puista espresso con helado peale näpuotsatäis jahvatatud kaneeli sooja ja aromaatse maitse saamiseks. Teise võimalusena nirista magustoidule šokolaadisiirupit magususe lisamiseks.

e) Serveeri Espresso con Helado kohe, lase jäätisel veidi sulada ja segada rikkaliku espressoga.

67. India Masala Chai Affogato

KOOSTISOSAD:
- 1 lusikas masala chai gelatot või jäätist
- 1 amps chai teed
- purustatud kardemoniseemned
- purustatud pistaatsiapähklid

JUHISED:
a) Aseta serveerimisklaasi kulbitäis masala chai gelato't või jäätist.
b) Valage gelato peale amps chai teed.
c) Puista peale purustatud kardemoniseemneid.
d) Kaunista purustatud pistaatsiapähklitega.
e) Serveeri kohe ja naudi India masala chai soojasid ja aromaatseid maitseid.

68. austraallane Tim Tam Affogato

KOOSTISOSAD:
- 1 lusikas šokolaadi gelatot või jäätist
- 1 amps espressot
- 1 supilusikatäis amarula
- purustatud Tim Tam küpsised

JUHISED:
a) Aseta serveerimisklaasi kulbitäis šokolaadigelatot või jäätist.
b) Valage želato peale tilk kuuma espressot.
c) Lisa affogatole supilusikatäis amarulat.
d) Puista peale purustatud Tim Tami küpsiseid.
e) Serveeri kohe ja naudi šokolaadi, kohvi ja küpsiste mõnusat kombinatsiooni.

69. Itaalia klassikaline Affogato

KOOSTISOSAD:
- 1 lusikas vanillijäätist
- 1 amps espressot
- Tilk šokolaadikastet, valikuline

JUHISED:
a) Pange klaasi kulbitäis vaniljejäätist ja 1 amps espressot.
b) Serveeri!

70. Itaalia Affogato al Caffè

KOOSTISOSAD:
- 1 lusikas vanilje gelatot või jäätist
- 1 amps (umbes 1–2 untsi) värskelt valmistatud espressot
- 1 spl amaretto likööri
- Valikuline: kaunistamiseks kakaopulber või šokolaadilaastud

JUHISED:
a) Aseta serveerimisklaasi või kaussi kulbitäis vanilježelatot või -jäätist. Veenduge, et želato oleks hästi jahtunud.
b) Valmistage espressot espressomasina või mõne varem mainitud alternatiivse kohvi valmistamise meetodi abil. Veenduge, et espresso on kuum ja värskelt valmistatud.
c) Valage kuum espresso gelato kulbi peale, laske sellel sulada ja segu gelatoga seguneda.
d) Lisa affogatole supilusikatäis amaretto likööri. Amaretto lisab veetleva mandlimaitse, mis täiendab kohvi ja želatot.
e) Soovi korral kaunistage affogatot kakaopulbri või šokolaadilaastudega, et lisada välimust ja maitset.
f) Serveerige affogato al caffè kohe ja nautige seda, kuni gelato sulab ja seguneb espresso ja amarettoga, luues meeldiva maitsekombinatsiooni.

71. Itaalia Affogato con Biscotti

KOOSTISOSAD:
- 1 lusikas vanilje gelatot või jäätist
- 1 amps (umbes 1–2 untsi) värskelt valmistatud espressot
- 2-3 biskviiti (traditsioonilised Itaalia mandliküpsised)

JUHISED:
a) Aseta serveerimisklaasi või kaussi kulbitäis vanilježelatot või -jäätist. Veenduge, et želato oleks hästi jahtunud.
b) Valmistage espressot espressomasina või mõne varem mainitud alternatiivse kohvi valmistamise meetodi abil. Veenduge, et espresso on kuum ja värskelt valmistatud.
c) Valage kuum espresso gelato kulbi peale, laske sellel sulada ja segu gelatoga seguneda.
d) Serveeri affogatot 2-3 biscottiga küljel. Biscotti karge tekstuur loob kreemjale affogatole meeldiva kontrasti.
e) Nautige affogatot, kastes biscotti espresso ja gelato segusse, nautides maitsete ja tekstuuride kombinatsiooni.

72. Itaalia Frangelico Affogato

KOOSTISOSAD:
- 2 lusikatäit kvaliteetset vaniljejäätist
- 1 amps espressot
- 1 supilusikatäis Frangelico
- tume šokolaad, peale riivimiseks

JUHISED:

a) Valmistage espresso (üks inimese kohta). Kallake 1-2 kulbitäit vaniljejäätist laia klaasi või kaussi ja valage espresso peale.

b) Valage jäätisele 1 sl nocino pähkli likööri või teie valitud likööri ja riivige peale veidi tumedat šokolaadi.

AFFOGATOst inspireeritud MAGUSTOOTED

73. Affogato "jäätis"

KOOSTISOSAD:
- 500 ml ProZero vahukoort, jahutatud
- 100 g tuhksuhkrut
- 1 amps espressot

JUHISED:
a) Vahusta koort umbes 2–3 minutit, kuni see on paksenenud, kerge ja õhuline. Lisa tuhksuhkur ja sega korralikult läbi.
b) Valage segu sobivasse anumasse ja asetage sügavkülma umbes tunniks või kuni see on jahtunud ja servade ümber hakkavad tekkima jääkristallid.
c) Eemalda sügavkülmast.
d) Vahusta kahvli või vispliga kiiresti jäätis, et jääkristallid puruneksid.
e) Aseta 'jäätis' tagasi sügavkülma tahenema vähemalt 3 tunniks. Võtke lusikas jäätist ja valage sellele espressot.

74. Nescafé Espresso affogato jäätis

VALMISTAB: 1 PORTSJON

KOOSTISOSAD:
- 1 shot espresso Nescafé kullagraanulitega
- 2 lusikatäit gelato vaniljejäätist või karamellist krõmpsu
- ½ tassi vett
- 1 spl naturaalset mett niristada kaunistuseks

JUHISED:
a) Esmalt valmistage espressot, valmistades kohvi, seejärel võtke serveerimisklaas või tass ja lisage peale 2 lusikatäit jäätist, niristage mett ja pange kõrvale espressot.
b) Serveeri kohe. Meie maitsev itaaliapärane affogato kohv jäätisega on nautimiseks valmis.

75. Chai mullitee Affogato

KOOSTISOSAD:
- ¼ tassi musta boba (tapiokkpärlid)
- ¼ tassi chai latte kontsentraati
- ¼ tassi magustamata mandlipiima või tavalist piima
- 2 väikest kulbitäit Tahiti vaniljekauna gelatot või prantsuse vaniljejäätist
- 1 pirueti küpsis, pooleks lõigatud (valikuline)

JUHISED:
a) Küpseta boba vastavalt pakendi juhistele.
b) Segage väikeses kastrulis chai latte kontsentraat ja piim. Lase keema tõusta ja tõsta tulelt.
c) Kallake tassi või väikesesse kaussi kaks kulbitäit želatot või jäätist ja lisage boba. Vala peale chai latte ja serveeri piruetiküpsisega. Nautige kohe.

76. Affogato juustukook

KOOSTISOSAD:
- 1 eelvalmistatud juustukook
- 2 lusikatäit vanilje gelatot
- 2 ampsu espressot

JUHISED:
a) Lõika juustukook üksikuteks portsjoniteks.
b) Aseta igale viilule kulbitäis vanilježelatot.
c) Valage želato ja juustukoogile tilk espressot.
d) Serveeri kohe ja naudi kreemja juustukoogi, gelato ja espresso kombinatsiooni.

77. Affogato Brownie Sundae

KOOSTISOSAD:
- Soojad brownied
- 1 lusikas kohvi gelatot või jäätist
- Kuum fudge kaste
- Vahukoor

JUHISED:
a) Aseta soe brownie serveerimisnõusse.
b) Lisa peale lusikatäis kohvigeeli või jäätist.
c) Nirista üle kuuma fudge-kastmega.
d) Kaunista vahukoorega.
e) Serveeri kohe ja naudi šokolaadi, kohvi ja kreemja gelato dekadentlikku kombinatsiooni.

78. Affogato Panna Cotta

KOOSTISOSAD:
- 1 tass rasket koort
- 1 tass täispiima
- ½ tassi suhkrut
- 1 vaniljekaun, pikuti poolitatud
- 1 spl želatiinipulbrit
- 2 spl külma vett
- 2 ampsu espressot
- Kaunistuseks šokolaadilaastud

JUHISED:
a) Sega kastrulis koor, piim ja suhkur.
b) Kraabi vaniljekaunalt seemned ja lisa need koos vanillikaunaga kastrulisse.
c) Kuumuta segu keskmisel kuumusel, kuni see keeb. Eemaldage kuumusest ja laske sellel 10 minutit tõmmata.
d) Piserdage väikeses kausis želatiinipulber külma veega ja laske sellel 5 minutit seista, et see õitseks.
e) Eemaldage vaniljekaun kooresegust ja soojendage, kuni see on kuum, kuid mitte keema.
f) Lisage kuumale kooresegule õitsenud želatiin ja segage, kuni see on täielikult lahustunud.
g) Valage segu üksikutesse serveerimisklaasidesse või ramekiinidesse ja hoidke külmkapis vähemalt 4 tundi või kuni taheneb.
h) Vahetult enne serveerimist vala iga panna cotta peale amps espressot ja kaunista šokolaadilaastudega.
i) Serveeri jahtunult ning naudi panna cotta siidist tekstuuri ja kohvist tulvil maitseid.

79. Affogato Tiramisu parfee

KOOSTISOSAD:
- 1 tass kanget keedetud kohvi
- 2 spl suhkrut
- 2 spl kohvilikööri (nt Kahlua)
- 1 pakk ladyfingers
- 1 tass mascarpone juustu
- ¼ tassi tuhksuhkrut
- 1 tl vaniljeekstrakti
- 1 tass vahukoort
- Kakaopulber tolmutamiseks

JUHISED:
a) Segage madalas kausis keedetud kohv, suhkur ja kohviliköör.
b) Kastke iga leadisõrm kohvisegusse ja laotage need serveerimisklaasidesse või magustoidunõudesse.
c) Vahusta eraldi kausis mascarpone juust, tuhksuhkur ja vaniljeekstrakt ühtlaseks massiks.
d) Tõsta lusikaga mascarpone segu naabersõrmedele.
e) Korrake leotatud ladyfingersi ja mascarpone segu kihte, kuni jõuate serveerimisklaaside tippu.
f) Lõpeta peale vahukooretükk.
g) Puista magustoidud üle kakaopulbriga.
h) Serveeri kohe või pane paariks tunniks külmkappi, et maitsed seguneksid.
i) Vahetult enne serveerimist vala igale parfeele amps espressot.
j) Nautige selles veetlevas tiramisust inspireeritud magustoidus kohviga leotatud ladyfingeri, kreemja mascarpone kihte ja espresso rikkalikku maitset.

80. Affogato leivapuding

KOOSTISOSAD:
- 4 tassi vananenud saiakuubikuid (nt brioche või challah)
- 2 tassi täispiima
- ½ tassi rasket koort
- ½ tassi granuleeritud suhkrut
- 4 suurt muna
- 1 tl vaniljeekstrakti
- Näputäis soola
- 2 ampsu espressot
- Serveerimiseks vahukoor

JUHISED:
a) Kuumuta ahi temperatuurini 350 °F (175 °C) ja määri küpsetusvorm rasvaga.
b) Sega suures kausis piim, koor, suhkur, munad, vaniljeekstrakt ja sool. Vahusta, kuni see on hästi segunenud.
c) Lisa kaussi saiakuubikud ja sega õrnalt, kuni need on piimaseguga ühtlaselt kaetud. Laske sellel 10 minutit seista, et leib saaks vedeliku imada.
d) Tõsta segu võiga määritud ahjuvormi ja aja ühtlaselt laiali.
e) Küpseta 40–45 minutit või kuni leivapuding on kuldpruun ja tahenenud.
f) Võta ahjust välja ja lase paar minutit jahtuda.
g) Vahetult enne serveerimist vala igale leivapudingi portsjonile espressot.
h) Kõige peale pane vahukoor.
i) Serveeri soojalt ja naudi leivapudingi ja espresso lohutavat kombinatsiooni.

81. Affogato jäätisevõileivad

KOOSTISOSAD:
- 12 šokolaadiküpsist
- 6 lusikatäit teie lemmik gelato või jäätise maitset
- 2 ampsu espressot
- Puistad, purustatud pähklid ja hakitud kookospähkel

JUHISED:
a) Võtke 6 küpsist ja asetage iga küpsise lamedale küljele kulbitäis gelatot või jäätist.
b) Võileibade valmistamiseks pange peale ülejäänud 6 küpsist.
c) Asetage jäätisevõileivad 10-15 minutiks sügavkülma tahenema.
d) Vahetult enne serveerimist vala igale võileivale amps espressot.
e) Veereta võileiva servad soovi korral puistates, kookospähklis ja purustatud pähklites.
f) Serveeri kohe ja naudi kreemja jäätise, espresso ja küpsiste mõnusat kombinatsiooni.

82. Affogato Banaan Split

KOOSTISOSAD:
- 1 küps banaan, pikuti poolitatud
- 2 lusikatäit vanilje gelatot või jäätist
- 2 ampsu espressot
- Šokolaadikaste
- Vahukoor
- Maraschino kirsid
- Piserdab

JUHISED:
a) Aseta poolitatud banaan serveerimisnõusse või paati.
b) Lisa banaani peale kaks kulbitäit vanilježelatot või jäätist.
c) Valage želato ja banaani peale tilk espressot.
d) Nirista üle šokolaadikastmega.
e) Kõige peale vahukoor, puistad ja mõned maraschino kirsid.
f) Serveeri kohe ja naudi seda mängulist keerdkäiku klassikalise banaanilõigu juurde.

83. Affogato Tarts

KOOSTISOSAD:
- 1 leht eelnevalt valmistatud lehttainast, sulatatud
- ½ tassi mascarpone juustu
- 2 spl tuhksuhkrut
- 1 tl vaniljeekstrakti
- 2 ampsu espressot
- Kaunistuseks hakitud tume šokolaad

JUHISED:
a) Kuumuta ahi temperatuurini 400 °F (200 °C) ja vooderda küpsetusplaat küpsetuspaberiga.
b) Lõika lehttaigen väikesteks ruutudeks või ringideks ja aseta need ettevalmistatud ahjuplaadile.
c) Küpseta lehttainast vastavalt pakendile JUHEND: kuldpruuniks ja paisunud.
d) Vahusta kausis mascarpone juust, tuhksuhkur ja vaniljeekstrakt ühtlaseks ja kreemjaks.
e) Kui lehttaignatordid on jahtunud, määri igale koogile tükk mascarpone segu.
f) Vahetult enne serveerimist vala igale koogile espressot.
g) Kaunista hakitud tumeda šokolaadiga.
h) Serveeri kohe ja naudi helbelise lehttaigna, kreemja mascarpone ja espresso õrna kombinatsiooni.

84. Affogato Chia puding

KOOSTISOSAD:
2 supilusikatäit chia seemneid
1/2 tassi piima (piima- või taimne)
1 tass espressot, jahutatud
1 tl mett või magusainet (valikuline)

JUHISED:
Sega kausis kokku chia seemned, piim, espresso ja mesi (kui kasutad).
Segage hästi, et segada ja tagada chia seemnete ühtlane jaotumine.
Kata kauss kaanega ja pane külmkappi vähemalt 2 tunniks või üleöö, lastes chia seemnetel vedelikku imada ja pakseneda pudingitaoliseks konsistentsiks.
Serveeri jahutatult ja naudi seda affogatost inspireeritud chia pudingut tervisliku ja rahuldava suupistena.

85. Affogato banaanileib

KOOSTISOSAD:

1 1/2 tassi universaalset jahu
1 tl küpsetuspulbrit
1/2 tl söögisoodat
1/4 teelusikatäit soola
1/2 tassi granuleeritud suhkrut
1/4 tassi soolata võid, sulatatud
2 küpset banaani, püreestatud
1/4 tassi piima (piima- või taimne)
1 tl vaniljeekstrakti
1 tass espressot, jahutatud

JUHISED:

Kuumuta ahi temperatuurini 350 °F (175 °C) ja määri pätsivorm.
Vahusta suures kausis jahu, küpsetuspulber, sooda ja sool.
Sega teises kausis suhkur ja sulatatud või, kuni see on hästi segunenud.
Lisage suhkru-või segule püreestatud banaanid, piim, vaniljeekstrakt ja jahutatud espresso.
Lisage kuivained järk-järgult märgadele koostisosadele, segades, kuni need on lihtsalt segunenud.
Vala tainas võiga määritud leivavormi.
Küpseta umbes 50–60 minutit või kuni keskele torgatud hambaork tuleb puhtana välja.
Laske banaanileival jahtuda enne viilutamist ja selle affogatost inspireeritud suupiste nautimist.

86. Affogato riisikoogid

KOOSTISOSAD:
Riisikoogid
Pähklivõi (nagu mandli- või maapähklivõi)
Vaniljejäätis
Espresso või kohvisiirup

JUHISED:
Määri riisikoogile kiht pähklivõid.
Aseta pähklivõi peale väike kulbitäis vaniljejäätist.
Nirista peale väike kogus espressot või kohvisiirupit.
Naudi affogatost inspireeritud riisikooki kerge ja krõbeda vahepalana.

87. Affogato Popsicles

KOOSTISOSAD:
1 tass keedetud kohvi, jahutatud
1 tass piima (piima- või taimne)
1 supilusikatäis mett või soovi korral magusainet
1 tl vaniljeekstrakti (valikuline)

JUHISED:
Segage segistis jahutatud keedetud kohv, piim, mesi ja vaniljeekstrakt.
Blenderda kuni hästi segunemiseni.
Vala segu popsivormidesse.
Asetage popsipulgad vormidesse ja külmutage vähemalt 4 tundi või kuni need on tahked.
Pärast külmutamist eemaldage popsiklid vormidest ja nautige neid affogatost inspireeritud külmutatud maiustusi.

88. Affogato kruusikook

KOOSTISOSAD:
4 supilusikatäit universaalset jahu
2 supilusikatäit granuleeritud suhkrut
1/2 tl küpsetuspulbrit
Näputäis soola
3 supilusikatäit piima (piima- või taimne)
1 tass espressot, jahutatud
1 supilusikatäis taimeõli

JUHISED:
Vahusta mikrolaineahjus kasutatavas kruusis jahu, suhkur, küpsetuspulber ja sool.
Lisage kruusile piim, jahutatud espresso ja taimeõli.
Sega, kuni tainas on ühtlane ja hästi segunenud.
Küpseta kruusi mikrolaineahjus kõrgel temperatuuril umbes 1 minut ja 30 sekundit või seni, kuni kook on kerkinud ja keskele asetunud.
Enne selle kiire ja lihtsa affogatost inspireeritud suupiste nautimist laske kruusikoogil veidi jahtuda.

89. Affogato šokolaadivaht

KOOSTISOSAD:
4 untsi tumedat šokolaadi, tükeldatud
1 tass rasket koort
1 tass espressot, jahutatud
Vahukoor ja šokolaadilaastud (katteks)

JUHISED:
Sulata tume šokolaad kuumakindlas kausis, mis on seatud keeva vee kohale, sega ühtlaseks massiks.
Eemaldage kuumusest ja laske veidi jahtuda.
Vahusta koor eraldi kausis, kuni moodustuvad pehmed tipud.
Voldi jahtunud sulašokolaad ja espresso vahukoore hulka, kuni see on hästi segunenud.
Tõsta segu lusikaga üksikutesse serveerimisklaasidesse või kaussidesse.
Kõige peale vahukoor ja šokolaadilaastud.
Enne selle mõnusa affogatost inspireeritud šokolaadivahu serveerimist hoia vähemalt 2 tundi külmkapis.

AFFOGATOst inspireeritud snäkid

90. Affogato popkorn

KOOSTISOSAD:
4 tassi popkorni
4 untsi tumedat šokolaadi, sulatatud
1 supilusikatäis lahustuvat kohvipulbrit või espressopulbrit

JUHISED:
Asetage popkorn suurde kaussi.
Nirista popkornile sulatatud tume šokolaad.
Puista popkornile lahustuvat kohvipulbrit või espressopulbrit.
Viska popkorni õrnalt, et see kataks ühtlaselt šokolaadi ja kohviga.
Enne selle affogatost inspireeritud popkorni suupiste nautimist laske šokolaadil taheneda.

91. Affogato Energy Bites

KOOSTISOSAD:
1 tass kivideta datleid
1 tass mandleid
2 supilusikatäit kakaopulbrit
1 supilusikatäis lahustuvat kohvipulbrit või espressopulbrit
1 supilusikatäis mett või vahtrasiirupit (valikuline)
Rebitud kookos- või kakaopulber (rullimiseks)

JUHISED:
Aseta datlid, mandlid, kakaopulber, lahustuv kohvipulber ja mesi (kui kasutad) köögikombaini.
Töötle, kuni segu on kokku tulnud ja moodustab kleepuva taigna.
Veereta segust väikesed hammustusesuurused pallikesed.
Veereta energiahambaid katmiseks hakitud kookos- või kakaopulbris.
Enne serveerimist jahuta umbes 30 minutit külmkapis.

92. Affogato täidisega datlid

KOOSTISOSAD:
Medjool datlid, kivideta
Vaniljejäätis
Espresso või kohvisiirup

JUHISED:
Lõika Medjooli datlid pikuti lahti ja eemalda seemned.
Täida iga kuupäev väikese kulbi vaniljejäätisega.
Nirista üle espresso või kohvisiirupiga.
Nautige magusaid ja kreemjaid affogatost inspireeritud täidetud datleid.

93. Affogato Trail Mix

KOOSTISOSAD:
1 tass röstitud mandleid
1/2 tassi kuivatatud kirsse või jõhvikaid
1/2 tassi tumeda šokolaadi tükke või laaste
1/4 tassi kohviube

JUHISED:
Sega kausis kokku röstitud mandlid, kuivatatud kirsid või jõhvikad, tumeda šokolaadi tükid või laastud ja kohvioad.
Reguleerige koguseid vastavalt oma eelistustele.
Pakkige rajasegu väikesteks portsjoniteks, et liikvel olles mugavalt affogatost inspireeritud suupisteid nautida.

94. Affogato valgupallid

KOOSTISOSAD:
1 tass valtsitud kaera
1/2 tassi mandlivõid või mis tahes valitud pähklivõid
1/4 tassi mett või vahtrasiirupit
2 supilusikatäit kakaopulbrit
1 supilusikatäis lahustuvat kohvipulbrit või espressopulbrit
1/4 tassi tumeda šokolaadi laaste
Rebitud kookospähkel või purustatud pähklid (rullimiseks)

JUHISED:
Sega kausis kokku rullitud kaer, mandlivõi, mesi või vahtrasiirup, kakaopulber, lahustuv kohvipulber ja tume šokolaaditükid, kuni need on hästi segunenud.
Veereta segust väikesed hammustusesuurused pallikesed.
Veereta valgupalle katteks purustatud kookospähklis või purustatud pähklites.
Enne serveerimist jahuta umbes 30 minutit külmkapis.

95. Affogato Rice Krispie maiuspalad

KOOSTISOSAD:
3 supilusikatäit soolata võid
4 tassi mini vahukommi
6 tassi riisiterahelbeid
2 supilusikatäit lahustuvat kohvipulbrit või espressopulbrit

JUHISED:
Suures potis sulata madalal kuumusel või.
Lisa potti minivahukommid ja sega, kuni need on sulanud ja ühtlased.
Segage lahustuvat kohvipulbrit või espressopulbrit, kuni see on hästi segunenud.
Tõsta pott tulelt ja lisa riisiterahelbed.
Sega, kuni teraviljad on vahukommiseguga ühtlaselt kaetud.
Suru segu võiga määritud ahjuvormi ja lase jahtuda.
Lõika ruutudeks ja naudi neid affogatost inspireeritud Rice Krispie maiustusi mõnusa suupistena.

96. Affogato šokolaadiga kastetud maasikad

KOOSTISOSAD:
Värsked maasikad
Tume šokolaad, sulatatud
Lahustuv kohvipulber või espressopulber (puistamiseks)

JUHISED:
Kasta värsked maasikad sulatatud tumeda šokolaadi sisse, lastes üleliigsel maha tilkuda.
Aseta šokolaadiga kastetud maasikad pärgamendiga vooderdatud alusele või taldrikule.
Puista maasikate peale väike kogus lahustuvat kohvipulbrit või espressopulbrit.
Lase šokolaadil külmikus taheneda, enne kui naudid neid affogatost inspireeritud šokolaadiga kastetud maasikaid.

97. Affogato trühvlid

KOOSTISOSAD:
8 untsi tumedat šokolaadi, tükeldatud
1/2 tassi rasket koort
1 tass espressot, jahutatud
Kakaopulber või purustatud pähklid (rullimiseks)

JUHISED:
Kuumuskindlasse kaussi pane tükeldatud tume šokolaad.
Kuumuta potis koort, kuni see hakkab lihtsalt podisema.
Vala kuum koor tükeldatud šokolaadile ja lase seista minut aega.
Sega, kuni šokolaad on täielikult sulanud ja segu ühtlane.
Segage jahutatud espressot, kuni see on hästi segunenud.
Kata kauss ja pane külmkappi, kuni segu on käsitsemiseks piisavalt tugev, umbes 2 tundi.
Veereta jahtunud segust väikesed pallikesed ja veereta neid kakaopulbris või purustatud pähklites.
Jahutage trühvleid veel 30 minutit külmkapis, enne kui hakkate neid affogatost inspireeritud maiustusi nautima.

98. Affogato Biscotti

KOOSTISOSAD:
2 tassi universaalset jahu
1 tl küpsetuspulbrit
1/2 teelusikatäit soola
1/2 tassi soolamata võid, pehmendatud
3/4 tassi granuleeritud suhkrut
2 suurt muna
1 supilusikatäis vaniljeekstrakti
1 tass espressot, jahutatud
1/2 tassi hakitud pähkleid (nagu mandlid või sarapuupähklid)

JUHISED:
Kuumuta ahi temperatuurini 350 °F (175 °C) ja vooderda küpsetusplaat küpsetuspaberiga.
Vahusta kausis jahu, küpsetuspulber ja sool.
Vahusta eraldi kausis pehme või ja suhkur heledaks ja kohevaks vahuks.
Klopi ükshaaval sisse munad, seejärel vaniljeekstrakt ja jahutatud espresso.
Lisa jahusegu vähehaaval võisegule, sega, kuni see on lihtsalt segunenud.
Sega juurde hakitud pähklid.
Vormige tainast palk ja asetage see ettevalmistatud ahjuplaadile.
Küpseta umbes 25-30 minutit või kuni see on kuldpruun ja katsudes kõva.
Võta ahjust välja ja lase paar minutit jahtuda.
Viiluta palk biscottikujulisteks tükkideks ja laota need ahjuplaadile.
Küpseta veel 10-15 minutit või kuni see on krõbe ja kergelt röstitud.
Enne affogatost inspireeritud krõmpsuva maiuse nautimist laske biscottidel täielikult jahtuda.

99. Affogato juustukoogi hammustused

KOOSTISOSAD:
1 1/2 tassi grahami kreekeripuru
1/4 tassi sulatatud võid
8 untsi toorjuustu, pehmendatud
1/4 tassi tuhksuhkrut
1 tass espressot, jahutatud
Vahukoor ja šokolaadilaastud (katteks)

JUHISED:
Sega kausis Grahami kreekeripuru ja sulavõi, kuni segu meenutab märga liiva.
Suru purusegu vooderdatud kandilise ahjuvormi põhja.
Vahusta eraldi kausis pehme toorjuust, tuhksuhkur ja jahutatud espresso ühtlaseks ja kreemjaks vahuks.
Määri toorjuustusegu ühtlaselt Grahami kreekerikoorele.
Tõsta külmkappi vähemalt 2 tunniks või kuni taheneb.
Lõika suupärasteks ruutudeks ja pane igale ruudule vahukoore ja šokolaadilaastud.
Serveeri jahutatult ja naudi neid affogatost inspireeritud juustukooke.

100. Affogato šokolaadikoor

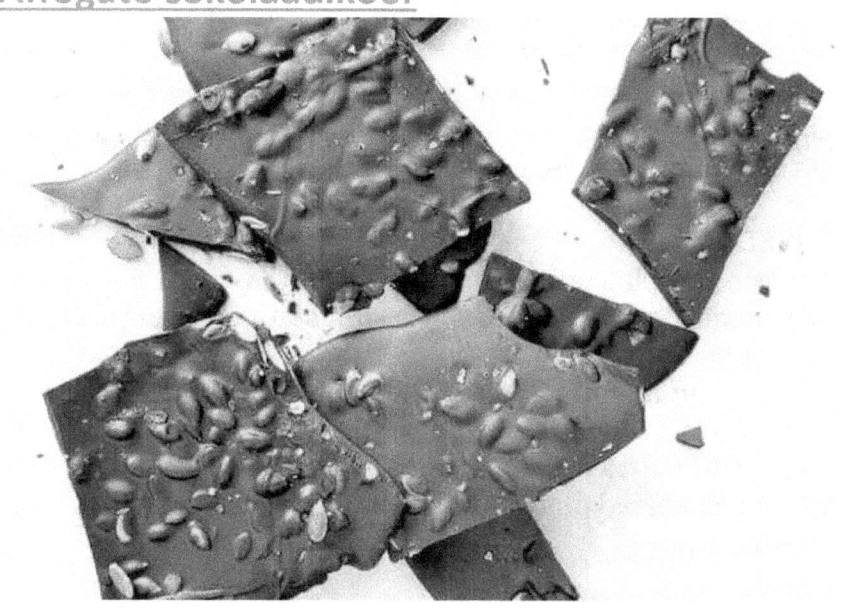

KOOSTISOSAD:
8 untsi tumedat šokolaadi, sulatatud
1 tass espressot, jahutatud
Purustatud espressooad või kohvioad
Meresool (valikuline)
Pistaatsiapähklid (valikuline)

JUHISED:
Vooderda ahjuplaat küpsetuspaberiga.
Vala sulatatud tume šokolaad ettevalmistatud ahjuplaadile, ajades ühtlaselt laiali.
Nirista jahtunud espresso šokolaadi peale.
Puista peale purustatud espresso- või kohvioad.
Soovi korral puista peale meresoola ja pistaatsiapähkleid.
Hoia kuni šokolaad on tardunud, siis lõika tükkideks.

KOKKUVÕTE

AFFOGATO MAAILMA iga hüvasti jättes loodame, et see teekond on sütitanud teie kire Affogato oivaliste naudingute vastu. Alates selle tagasihoidlikust päritolust Itaaliast kuni tänapäevaste tõlgendusteni kogu maailmas, oleme olnud tunnistajaks arengule ja loovusele, mis on selle taevase maiuse kujundanud. Rikkaliku, sileda gelato ja tugeva kohvi essentsi kooslus on osutunud gastronoomilises taevas tehtud vasteks.

Ükskõik, kas eelistate klassikalise affogato lihtsust või eriloomingu seikluslikke maitseid, AFFOGATO MAAILMA on pakkunud pilguheit valdkonda, kus kohv ja gelato põimuvad, et luua erakordseid elamusi. See on maailm, kus maitse piirid on nihutatud ja kus üksainus lusikatäis võib sind viia puhta mõnulemise valdkonda.

Niisiis, järgmine kord, kui igatsete hetke puhast õndsust, laske AFFOGATO MAAILMA il oma meeli juhtida ja maitsemeeli äratada. Sukelduge selle imelise kombinatsiooni maagiasse ja nautige maitsete sümfooniat, mis avaneb iga lusikatäie juures. Võtke omaks kunstilisus ja uuenduslikkus, mis peitub affogato vallas, ning avastage teid ees ootavad piiramatud võimalused. Tere tulemast AFFOGATO MAAILMA i, kus kohvi- ja gelato-sõbrad ühinevad puhta naudingu tähistamiseks.

www.ingramcontent.com/pod-product-compliance
Lightning Source LLC
Chambersburg PA
CBHW070401120526
44590CB00014B/1202